EL LIBRO BUDISTA DE SAKKA

EC

EDITORIAL CÁNTICO
COLECCIÓN · LUZ DE ORIENTE
COLECCIÓN DIRIGIDA POR RAÚL ALONSO

cantico.es · @canticoed

Suscríbete a nuestro blog en

Medium @canticoed

© de la traducción:
Raúl Alonso y Manuel José Díaz Marqués, 2025
© de la introducción y notas: Raúl Alonso, 2025
© Editorial Almuzara S. L., 2025
Editorial Cántico
Parque Logístico de Córdoba
Carretera de Palma del Río, km. 4
14005 Córdoba
Imagen de cubierta: pintura anónima de Indra (Sakka en el budismo),
el dios de las tormentas y guardián de Oriente,
montado en su elefante blanco Airavata. (1820-1825)

ISBN: 978-84-10288-95-9
Depósito legal: CO 1416-2025

Impresión y encuadernación:
Liberdigital

SAKKA SAṂYUTTA

EL LIBRO BUDISTA DE SAKKA

EDICIÓN, TRADUCCIÓN Y NOTAS DE
MANUEL JOSÉ DÍAZ Y RAÚL ALONSO

EDITORIAL CÁNTICO

COLECCIÓN ◯ LUZ DE ORIENTE

SOBRE LOS TRADUCTORES

MANUEL JOSÉ DÍAZ recibió enseñanzas e iniciaciones Vajrayana de importantes Lamas de las diferentes tradiciones de budismo tibetano como S.S. el XIV Dailai Lama, S.S. 41° Sakya Trichen, S.S. Trulshik Rimpoche, S.S. 12° Chamgon Kenting Tai Situpa, S.E. Namkha Drimed Rimpoche, Jigme Gyetrul Rimpoche, S.E. Sakya Jetsun Chimey Luding Rimpoche entre otros. En 2005 conoció a su principal maestro Chögyal Namkhai Norbu Rimpoche de quien recibío enseñanzas y transmisiónes Dzogchen hasta su parinirvana en 2018. Junto a su profunda formación budista, se ha formado en Rebirthing (Renacimiento) desde 1992 y ha sido organizador de la 1ª Formación en Respiración Holotrópica (GTT) con el Dr. Stanislav Grof. También ha desarrollado estudios de antropología relacionados con el chamanismo. Se formó en Chamanismo Transcultural con la "Fundación de Estudios Chamánicos" del Dr. Michael Harner. Organizó dos Giras Mundiales en Sevilla con Monjes Tibetanos: "Por un Milenio de Paz" en el 2000 y "Por la Paz Interior" en 2003. Imparte talleres y atiende consultas privadas.

RAÚL ALONSO es licenciado en Filosofía por la UNED, especializándose en Filosofía de las Religiones, budismo y gnosticismo antiguo. Es director de Editorial Cántico y forma parte del equipo editorial de la revista Vínculos de Historia, de la Universidad

Castilla-La Mancha. Es autor de la edición crítica y la traducción de diversos títulos de la tradición cristiana antigua y moderna de autores como Ramon Llull, San Juan de la Cruz, Santa Teresa de Jesús y textos gnósticos de la Biblioteca de Nag Hammadi como el *Evangelio de Felipe*, el *Evangelio de la Verdad*, el *Libro de Tomás el atleta* y *Las enseñanzas de Silvano*. También es autor de la traducción y edición crítica de diversos textos budistas del Canon Pali. Como poeta ha publicado los libros *La plaga* (2000), *Libro de las catástrofes* (2002), *El amor de Bodhisattwa* (2004), *Temporal de lo eterno* (2014) y *Lo que nunca te dije* (2018). Su poesía reunida ha sido publicada bajo el título *Juventud* (2022) y en este ámbito ha sido distinguido con diversos reconocimientos como el Accésit del Premio Nacional de Poesía Rosalía de Castro, el I Premio de Poesía Joven Radio 3 y el Premio Ciudad de Córdoba Ricardo Molina.

ESTUDIO INTRODUCTORIO AL *SAKKA SAMYUTTA*: EL REY DE LOS DIOSES COMO DISCÍPULO DEL BUDA

INTRODUCCIÓN

El texto que el lector tiene en sus manos, el *Sakka Saṃyutta* o los "Discursos enlazados con Sakka" (que hemos titulado para la edición española como *El libro budista de Sakka*) es una joya literaria y doctrinal enclavada en el corazón del Canon Pali, la colección de escrituras sagradas del budismo Theravada. Perteneciente al *Saṃyutta Nikaya*, o la colección de "Discursos Agrupados", este conjunto de veinticinco suttas destaca por su singular enfoque en la figura de Sakka, el rey de los dioses, y su relación con el Buda y su enseñanza. A través de una serie de narrativas que combinan el mito, el diálogo y la poesía, el *Sakka Saṃyutta* ofrece una ventana que arroja luz a la cosmología del budismo primitivo, como también a la forma en que las virtudes éticas y la sabiduría se presentan como el verdadero camino hacia el despertar, tanto en los reinos celestiales como en el humano.

Este estudio introductorio tiene como objetivo proporcionar al lector no experto y al practicante budista un marco contextual y analítico para una comprensión más profunda y matizada del *Sakka Saṃyutta*. Procuraremos desentrañar las múltiples capas de significado —histórico, filosófico, literario y religioso— que subyacen en estos antiguos discursos. Sin un mapa que guíe la lectura, es fácil percibir estas historias simplemente como mitos pintorescos, perdiendo de vista su sofisticada función como transmisoras de un profundo conocimiento psicológico, moral y filosófico.

La metodología adoptada para este análisis es multidisciplinaria. Nos hemos basado en un examen filológico y textual del *saṃyutta*, situándolo dentro de la compleja historia de la formación y transmisión del Canon Pali. A continuación, hemos realizado un análisis filosófico y religioso que explora cómo el texto reinterpreta figuras y conceptos de la tradición védica india para articular la visión del mundo budista. Finalmente, hemos llevado a cabo una apreciación literaria que destaca las técnicas narrativas y estilísticas que hacen de este texto una obra de arte perdurable. A lo largo de este estudio, se integrarán los hallazgos de la erudición contemporánea sobre el budismo primitivo para ofrecer una perspectiva correctamente informada y rigurosa. El propósito último es enriquecer la experiencia del lector, permitiéndole apreciar el *Sakka Saṃyutta* como una fuente viva de sabiduría que sigue siendo relevante en el mundo actual.

CONTEXTO HISTÓRICO, FILOSÓFICO Y RELIGIOSO

Para apreciar plenamente el *Sakka Saṃyutta*, es imperativo situarlo en el rico y complejo tapiz del que surgió. Este contexto abarca la vasta colección de escrituras conocida como el Canon Pali, la estructura específica del *Saṃyutta Nikaya*, el vibrante entorno socio-religioso de la antigua India y la particular cosmología que el budismo desarrolló.

El Canon Pali, o *Tipiṭaka* ("Tres Cestas"), es la colección canónica de escrituras de la escuela Theravada, considerada la más antigua tradición budista existente. Se divide en tres grandes secciones: el *Vinaya Pitaka* (disciplina monástica), el *Sutta Pitaka* (discursos doctrinales) y el *Abhidhamma Pitaka* (análisis filosófico). El *Sutta Pitaka*, el corazón doctrinal del canon, se subdivide en cinco *Nikayas* o colecciones, siendo el *Saṃyutta Nikaya* la tercera de ellas. La transmisión de este vasto cuerpo de literatura fue inicialmente oral, y aunque la tradición lo remonta al Primer Concilio Budista tras la muerte del Buda, la erudición moderna sugiere un proceso de composición y compilación que se extendió por varios siglos, con la primera fijación escrita ocurriendo probablemente en el siglo I a.C. en Sri Lanka.

El *Sagāthā Vaggasaṃyutta* es la primera de las cinco grandes divisiones del *Saṃyutta Nikaya*. Su nombre, "La Sección de los Versos", revela su característica estilística más distintiva: la combinación de prosa narrativa con estrofas poéticas (*gāthā*). Esta sección agrupa los discursos en torno a figuras divinas o humanas que interactúan con el Buda, y el *Sakka Saṃyutta* es el undécimo y último de sus saṃyuttas.

El marco socio-religioso del budismo theravada primitivo estaba dominado por el brahmanismo védico, con su elaborado panteón de dioses (*devas*) y su enfoque en el ritual y el sacrificio. El budismo no negó la existencia de estos dioses, sino que los subsumió en su propio sistema. En la cosmología budista, el universo se compone de múltiples reinos de existencia. El reino de los Treinta y Tres dioses (*Tāvatiṃsa*) es uno de los cielos más elevados dentro del plano del deseo (*kāmaloka*), un lugar de inmensos placeres y larga vida, pero aún sujeto a la impermanencia y al ciclo del renacimiento (*samsara*). El soberano de este reino es Sakka, una figura claramente derivada del dios védico de la tormenta y la guerra, Indra. Sin embargo, en la narrativa budista, Sakka es transformado. Ya no es el dios supremo y a menudo caprichoso de los Vedas, sino un ser virtuoso cuyo estatus es el resultado de un buen karma, y que se presenta como un ferviente protector del Dharma y devoto del Buda. Esta hábil recontextualización permitió al budismo dialogar con la cultura de su tiempo y, a la vez, afirmar la superioridad de la iluminación sobre cualquier poder mundano o celestial.

CONTENIDO Y TEMAS PRINCIPALES

Los veinticinco discursos o suttas del *Sakka Saṃyutta* tejen una red de narrativas que, aunque variadas, están unificadas por la presencia central de Sakka y la exploración de temas doctrinales clave. La estructura narrativa de los suttas suele seguir un patrón recurrente: se presenta un escenario, a menudo una asamblea de dioses o una batalla contra los *asuras* (demonios); surge un dilema ético o un conflicto; y la resolución, guiada por las palabras o acciones de Sakka (a menudo inspiradas por las enseñanzas del Buda), ilustra un principio fundamental del Dhamma. Muchos discursos concluyen con el propio Buda, que ha estado relatando la historia, extrayendo la moraleja para la comunidad de monjes.

Los personajes centrales son simbólicos y arquetípicos. Sakka, como se ha señalado, encarna al poder justo y a la devoción. Su principal antagonista, Vepacitti, el señor de los *asuras*, es el arquetipo de la ira, el orgullo y la ignorancia. Sus enfrentamientos con Sakka no son meras batallas cósmicas, sino alegorías del conflicto entre la paciencia y la agresión, la sabiduría y la necedad. Mātali, el auriga de Sakka, funciona a menudo como un catalizador para la enseñanza, haciendo preguntas que permiten a Sakka exponer los principios budistas de una manera clara y accesible.

Los temas doctrinales recurrentes son el verdadero corazón de este saṃyutta. Destaca prominentemente la exaltación de la paciencia (*khanti*) y el perdón frente a la ira. En uno de los discursos más famosos, Sakka declara que la verdadera victoria es la que se gana sin violencia, a través de la contención y la palabra sabia, ganando así una "batalla difícil de ganar". Otro tema central es la eficacia del karma: el estatus de Sakka se explica explícitamente como el fruto de siete votos de conducta ética que tomó en una vida humana anterior. La compasión (*karunā*), la generosidad (*dāna*) y, sobre todo, la fe y el refugio en el Buda, el Dhamma y la Sangha se presentan como las cualidades que definen la verdadera nobleza.

La función pedagógica de estas narrativas es primordial. Al revestir las abstractas enseñanzas budistas con el ropaje del mito y la leyenda, el *Sakka Saṃyutta* las hace vívidas, atractivas y fáciles de recordar. El texto no solo enseña la doctrina, sino que la *muestra* en acción a través de sus personajes y sus historias. Esto lo convierte en un instrumento de enseñanza excepcionalmente eficaz, adecuado tanto para la instrucción espiritual como laica, demostrando que las verdades más profundas pueden transmitirse a través de relatos cautivadores.

VALOR DENTRO DEL SAGĀTHĀ VAGGASAṂYUTTA Y DEL CANON PALI

Como parte del Canon Pali, el *Sakka Saṃyutta* goza de la máxima autoridad textual en la tradición Theravada, siendo considerado *buddhavacana* o "la palabra del Buda". Su inclusión en el *Sagāthā Vaggasaṃyutta*, una sección que los estudiosos consideran que contiene algunos de los materiales más antiguos del *Saṃyutta Nikaya*, subraya aún más su importancia canónica y su antigüedad.

Su contribución única dentro del conjunto del *Sagāthā Vaggasaṃyutta* es su enfoque sostenido en una única figura divina y su mundo. Mientras que otros saṃyuttas de esta sección se centran en el Buda interactuando con una variedad de devas, brahmas o yakkhas, el *Sakka Saṃyutta* desarrolla un retrato completo y coherente de Sakka (Indra), transformándolo de una deidad védica a un arquetipo del gobernante budista ideal. Ofrece la visión más detallada del cielo de los Tavatimsa y de la relación entre los dioses y los asuras que se encuentra en el canon primitivo.

En su relación con otros textos del Canon Pali, el *Sakka Saṃyutta* complementa y enriquece las enseñanzas presentadas en otros lugares. Por ejemplo, mientras que los discursos del *Dīgha Nikaya* o *Majjhima Nikaya* exponen la doctrina de forma más sistemática y extensa, el *Sakka Saṃyutta* la ilustra a través de la narrativa. El famoso *Dhammapada*, una colección de versos, contiene muchas de las mismas enseñanzas éticas, pero el *Sakka Saṃyutta* les proporciona un contexto narrativo. El Sutta 3, "El Escudo del Estandarte", ofrece una de las exposiciones más vívidas y queridas sobre el significado del refugio en las Tres Joyas, un concepto fundamental en todo el canon.

Por todo ello, su importancia para la comprensión integral del budismo es muy reconocida. Proporciona una perspectiva crucial sobre la cosmología budista, la ética laica, la devoción y la compleja interacción entre el budismo y las tradiciones religiosas preexistentes de la India. Ignorar el *Sakka Saṃyutta* sería pasar por alto la forma en que el budismo primitivo se comunicaba con una audiencia amplia, utilizando el poder del mito y la narrativa como un vehículo esencial para la transmisión del Dhamma.

IDEAS BUDISTAS QUE ARTICULAN ESTE SAṂYUTTA

Los conceptos doctrinales fundamentales que se tejen a lo largo de los veinticinco discursos son los pilares del pensamiento Theravada. La ley del karma, como se mencionó, es central. El Sutta 11 ("Votos") es una exposición explícita de cómo las acciones éticas en el plano humano conducen a un renacimiento favorable en un plano celestial. Esta no es una teología de la gracia, sino de la responsabilidad personal. El concepto de mérito (*puñña*), la energía positiva acumulada a través de acciones virtuosas como la generosidad y el respeto, se presenta como la moneda que compra un futuro feliz, aunque, como el texto deja claro, la liberación final (*Nibbana*) trasciende incluso las acumulaciones de mérito más vastas.

Las enseñanzas sobre el karma, el mérito y el renacimiento se presentan de forma vívida. El Sutta 14 ("Pobre") demuestra que el estatus social en la vida humana es irrelevante para el potencial espiritual; una persona indigente que practica el Dhamma puede renacer en una gloria que eclipsa a los dioses nativos. Esto socavaba radicalmente el sistema de castas brahmánico y afirmaba la dignidad y el potencial inherentes a todos los seres.

Las virtudes budistas son personificadas por Sakka. La bondad (*mettā*) se muestra en su negativa a dañar nidos de pájaros incluso en medio de la guerra (Sutta 6). El perdón y la paciencia (*khanti*) son sus armas preferidas contra la agresión de Vepacitti (Suttas 4 y 5), enseñando que la verdadera fuerza reside en el autocontrol. El esfuerzo espiritual (*viriya*) es alabado desde el principio, contrastando con la pereza de los generales de Sakka (Suttas 1 y 2). Sakka se convierte en un modelo a seguir, una demostración de que estas virtudes no son ideales abstractos, sino cualidades prácticas que pueden y deben cultivarse.

Finalmente, la integración de elementos míticos y enseñanza práctica es la clave de la pedagogía del saṃyutta. La batalla entre *devas* y *asuras* puede leerse como una metáfora del conflicto interno de la mente entre las fuerzas de la virtud y las de la impureza. El mundo de los dioses, aunque atractivo, se revela como impermanente y, en última instancia, insatisfactorio, reforzando así la Primera Noble Verdad del sufrimiento (*dukkha*). De este modo, el mito no es una distracción de la práctica, sino una invitación a ella, utilizando el lenguaje universal de la historia para señalar las verdades universales del corazón humano.

VALOR DENTRO DE LA TRADICIÓN
DEL BUDISMO THERAVADA PRIMITIVO

El *Sakka Saṃyutta* tuvo un significado histórico y tradicional profundo en el desarrollo del pensamiento y la práctica del budismo Theravada. Su popularidad se evidencia por la existencia de versiones paralelas en otras escuelas budistas, lo que indica que estas historias formaban parte de un corpus de enseñanzas compartido y muy apreciado en el budismo primitivo.

Su uso en la práctica monástica y devocional fue sin duda extendido. Para los monjes, ofrecía un repertorio de historias edificantes, perfectas para los sermones dirigidos a la comunidad laica. Los temas del saṃyutta —el poder del buen karma, las recompensas de la generosidad, la importancia de la paciencia— resonaban directamente con las preocupaciones de los cabezas de familia. Para los laicos, las historias ofrecían un modelo de piedad. Sakka, un ser que disfruta de los más altos placeres mundanos (o, en este caso, celestiales) y, sin embargo, muestra una profunda devoción por las Tres Joyas, era un ideal alcanzable y atractivo. Demostraba que no era necesario renunciar al mundo para ser un buen budista.

La transmisión e interpretación a través de los siglos ha mantenido la relevancia del texto. Los comentarios canónicos posteriores, como los atribuidos a Buddhaghosa en el siglo V d.C., dedican una atención considerable a estos suttas, desentrañando sus significados y explicando sus implicaciones doctrinales. Estas capas de interpretación han asegurado que cada generación de budistas pudiera encontrar un nuevo sentido en estas antiguas historias.

Su relevancia para el desarrollo del pensamiento budista es particularmente notable en cómo ayudó a dar forma a la comprensión popular del karma y la cosmología. Solidificó la imagen de un universo moralmente ordenado, donde los dioses no son árbitros caprichosos del destino humano, sino habitantes de un plano superior que alcanzaron su estatus a través de los mismos principios éticos que se aplican a los humanos. Esta visión, a la vez que incorporaba elementos de la mitología popular, los subordinaba firmemente a la enseñanza central del Buda sobre la causalidad moral y el objetivo final de la liberación del ciclo de renacimiento.

VALORES ESTILÍSTICOS Y LITERARIOS

El perdurable atractivo del *Sakka Saṃyutta* se debe en gran medida a su sofisticado mérito literario. El texto es una obra de arte literaria, que emplea una variedad de técnicas para cautivar, instruir e inspirar a su audiencia.

La principal característica, como ya se ha indicado, es el estilo *sagāthā*, la mezcla de prosa y verso. Esta estructura no es meramente estética; es funcional. La prosa establece la escena y desarrolla la trama, mientras que los versos proporcionan el clímax emocional y doctrinal. Las técnicas narrativas y retóricas incluyen el uso del diálogo para explorar ideas, el contraste entre personajes arquetípicos (Sakka vs. Vepacitti) para resaltar la enseñanza, y la repetición de fórmulas para facilitar la memorización, un rasgo crucial en una cultura de transmisión oral.

La función poética y didáctica de los versos es inseparable. Los *gāthā* utilizan un lenguaje más elevado y emotivo, empleando símiles vívidos y metáforas para ilustrar aspectos espirituales importantes. La ira, por ejemplo, se describe con una "raíz envenenada y una punta de miel", una imagen que es a la vez poética y profundamente precisa desde el punto de vista psicológico. La brevedad y el ritmo de los versos los convertían en el vehículo perfecto para encapsular y transmitir las enseñanzas esenciales de cada discurso, tal como hacía Jesús con sus parábolas para transmitir los valores de la Gnosis.

La calidad literaria y artística del texto reside en su capacidad para equilibrar la sencillez con la profundidad. Las historias son lo suficientemente directas como para ser entendidas por una audiencia no especializada, pero contienen capas de significado que se revelan con una reflexión más profunda y a la que solo pueden acceder los iniciados en la doctrina budista. La caracterización, aunque arquetípica, es eficaz, y los diálogos son a menudo agudos y psicológicamente perspicaces. El *Sakka Saṃyutta* es un testimonio del genio de los primeros narradores budistas, que comprendieron que la verdad se transmite más eficazmente cuando se envuelve en la belleza de una buena historia.

IMPORTANCIA DE ESTA TRADUCCIÓN AL ESPAÑOL

La llegada de una traducción directa y académica del *Sakka Saṃyutta* al español marca un hito importante. Durante mucho tiempo, el estado de las traducciones del Canon Pali al español ha sido precario en comparación con el mundo anglófono, obligando a muchos estudiantes y practicantes a depender de traducciones de segunda mano. Esta traducción contribuye a subsanar esa carencia.

Su contribución académica y cultural es múltiple. Ofrece a los estudiosos de habla hispana acceso directo a una fuente primaria, fomentando una investigación más rigurosa y original. Enriquece el patrimonio cultural hispano, introduciendo una de las grandes obras de la literatura religiosa mundial en un nuevo idioma y contexto. El impacto en los estudios budistas hispanohablantes será, con suerte, el de catalizar un mayor interés y una comprensión más profunda de la tradición Theravada, yendo más allá de las generalizaciones para comprometerse con la riqueza y la complejidad de los textos canónicos.

Finalmente, su valor para la difusión del budismo Theravada en el mundo de habla hispana es incalculable. Proporciona a las comunidades de practicantes un recurso auténtico para el estudio y la reflexión, permitiéndoles conectar de manera más íntima con las raíces de su tradición. Al hacer que la palabra del Buda sea accesible en la lengua materna de millones de personas, esta traducción apoya la continuación y el florecimiento del Dhamma en el siglo XXI.

CONCLUSIÓN

El *Sakka Saṃyutta*, más allá de ser una colección de mitos sobre un rey celestial, es un texto multidimensional de una riqueza inusitada. Desde una perspectiva histórica, nos ofrece una visión de cómo el budismo primitivo interactuó con su entorno religioso. Filosóficamente, articula algunas de las enseñanzas más profundas sobre el karma, la virtud y la naturaleza de la realidad.

Literariamente, es un ejemplo elevado del arte de la narración con un propósito espiritual. Y religiosamente, ha servido durante siglos como fuente de inspiración y guía para millones de personas.

Su valor académico reside en su capacidad para iluminar la cosmología, la ética y la pedagogía del budismo primitivo. Su valor espiritual radica en su mensaje intemporal: que la verdadera soberanía no se encuentra en el poder externo, sino en el dominio de la propia mente; que la paciencia es la mayor fortaleza y la bondad la más alta nobleza. Al presentar a Sakka, el poderoso señor de los dioses, como un humilde discípulo del Buda, el saṃyutta nos recuerda la enseñanza central del budismo: que por encima de todos los cielos y todos los dioses se encuentra el potencial humano para el despertar, un potencial que reside en cada uno de nosotros.

La presente traducción al español busca abrir una puerta a este tesoro de la sabiduría mundial. Se espera que este estudio introductorio sirva como una brújula útil para navegar por sus ejes principales, y que tanto los académicos como los buscadores espirituales encuentren en estos antiguos discursos una fuente de conocimiento y una inspiración para su propio camino.

CAPÍTULO PRIMERO

PATHAMA VAGGA

Esta sección inaugural del *Sakka Saṃyutta* (suttas 1-10) establece los fundamentos éticos y espirituales de toda la colección, funcionando como una introducción programática a los valores budistas esenciales. Su estructura temática progresa desde virtudes básicas hasta enseñanzas más sofisticadas: los suttas 1-2 confrontan la pereza espiritual (*pamāda*) con el esfuerzo (*viriya*), utilizando los personajes de Suvīra y Susīma como arquetipos del comandante negligente que ilustra la necesidad universal de la energía espiritual constante. El sutta 3, "El escudo del estandarte", constituye una de las exposiciones más queridas sobre el refugio en las Tres Joyas, contrastando la protección limitada que ofrecen incluso los dioses más poderosos con la protección absoluta del Buda, Dhamma y Sangha. Los suttas 4-5 desarrollan extensamente la virtud cardinal de la paciencia (*khanti*) a través del conflicto dialéctico entre Sakka y Vepacitti, donde la sabiduría de la no-agresión se demuestra superior a la respuesta violenta. El sutta 6 ilustra cómo los principios éticos pueden transformar situaciones adversas mediante el ejemplo de Sakka protegiendo los nidos de los pájaros durante la guerra. Los suttas finales (7-10) exploran las relaciones interpersonales éticas: la importancia de la lealtad, el respeto hacia los seres virtuosos, y las consecuencias kármicas del maltrato a los practicantes espirituales. En conjunto, el *Pathama Vagga* funciona como un compendio de las "virtudes heroicas" que todo practicante budista debe cultivar, estableciendo el marco moral y espiritual necesario para comprender las enseñanzas más específicas sobre devoción, mérito y purificación mental que se desarrollarán en las secciones posteriores.

1

CON SUVĪRA

Así he escuchado estas palabras[1]. En cierta ocasión, el Buda moraba cerca de Sāvatthī, en la Arboleda de Jeta, el monasterio de Anāthapindika. Allí el Victorioso se dirigió a los monjes:

—*¡Oh monjes!*

—*Venerable Señor* —, respondieron ellos.

[El Buda dijo:]

Érase una vez, oh monjes, que los asuras[2] marchaban contra los dioses.

---

1 El Buda no ha escrito una sola palabra. Los sutras que recogen sus palabras fueron relatados nuevamente de memoria y escritos por sus principales discípulos, en particular, Ananda, cuando se reunieron en un consejo un año después de su parinirvana. Los sutras siempre comienzan con una oración que nos recuerda este hecho.

2 Sobre el término "asura": Hemos optado por mantener el término sánscrito *asura* en lugar de traducirlo como "demonio", siguiendo criterios de precisión académica. Los *asuras* en la cosmología budista y védica no equivalen a los demonios del cristianismo. Se trata de una clase de seres que habitan uno de los seis reinos de existencia (*ṣaḍgati*), caracterizados por la envidia, la ira y la constante belicosidad, especialmente hacia los *devas* (dioses). Aunque poseen grandes poderes y viven vidas extraordinariamente largas, permanecen sujetos al *saṃsāra* (ciclo de renacimientos) y al sufrimiento. El término "demonio" implicaría connotaciones

Entonces Sakka, el señor de los dioses, se dirigió al dios Suvīra:

—*¡Querido Suvīra, los asuras marchan contra los dioses!*
—*Sí, señor*—, *respondió Suvīra. Pero cayó en la negligencia.*

Por segunda vez Sakka se dirigió a Suvīra:

—*¡Querido Suvīra, los asuras marchan contra los dioses! Ve y marcha contra los asuras.*
—*Sí, señor*—, *respondió Suvīra. Pero por segunda vez cayó en la negligencia.*

Por tercera vez Sakka se dirigió a Suvīra:

—*¡Querido Suvīra, los asuras marchan contra los dioses! Ve y marcha contra los asuras.*
—*Sí, señor*—, *respondió Suvīra. Pero por tercera vez cayó en la negligencia.*

Entonces Sakka se dirigió al dios Suvīra en verso:

—*Suvīra, ve a ese lugar*
donde puedas alcanzar la felicidad
sin trabajar por ella ni esforzarte y llévame contigo.

[Suvīra respondió:]

---

de maldad absoluta y oposición ontológica al bien que son ajenas al pensamiento budista, donde incluso los *asuras* pueden generar mérito y aspirar eventualmente a la liberación. La eterna guerra entre *devas* y *asuras* que aparece repetidamente en estos discursos debe entenderse como una metáfora del conflicto entre las fuerzas virtuosas e impuras de la mente, no como una lucha cósmica entre el bien y el mal absolutos. [*N. de los T.*]

—*Que un hombre perezoso que no trabaja,*
y no cumple con su deber,
cumpla todos sus deseos:
¡Sakka, concédeme esta bendición!

[Sakka respondió:]

—*Suvīra, ve a ese lugar*
donde un hombre perezoso que no trabaja
prospera en una felicidad sin fin ¡y llévame contigo!

[Suvīra respondió:]

—*Oh Sakka, el mejor de los dioses,*
que podamos encontrar la felicidad sin pena, sin estrés:
Sakka, concédeme esta bendición.

[Sakka respondió:]

—*Si existe alguien en algún lugar*
que pueda vivir felizmente sin trabajar,
¡ese sería sin duda el camino de la extinción!
Ve allí, Suvīra, y llévame contigo.

[El Buda prosiguió:]

Así que, oh monjes, incluso Sakka, el señor de los dioses —mientras vive del fruto de sus buenas y malas acciones, y gobierna como señor soberano sobre estos dioses de los Treinta y Tres— hablará en alabanza de la iniciativa y la energía. Pero ya que habéis salido adelante con una enseñanza y una formación tan bien explicadas, ¡sería verdaderamente hermoso que os esforzarais, lucharais y os esmeraseis por alcanzar lo inalcanzado, lograr lo no logrado y realizar lo no realizado!

2

CON SUSĪMA

Una vez en Sāvatthī, el Buda se dirigió a los monjes:

—¡*Oh monjes!*

—*Venerable Señor —*, respondieron ellos.

[El Buda dijo esto:]

Érase una vez, oh monjes, que los asuras marchaban contra los dioses. Entonces Sakka, el señor de los dioses, se dirigió al dios Susīma[3]:

---

3 Susīma: *Devaputra* (hijo de deva) en la cosmología budista, específicamente uno de los mil hijos de Sakka. Su nombre se traduce como "Gobierno Excelente". Aparece en otro sutta del Canon Pali (SN 2.29) ya publicado en traducción española en esta misma serie dentro del volumen *El libro budista de los dioses* (Cántico, 2024). Su segunda aparición en el Canon Pali es precisamente el presente discurso del *Sakka Saṃyutta*. Al igual que Suvīra en el sutta anterior, Susīma funciona como arquetipo del comandante divino que cae en la negligencia (*pamāda*), representando la tendencia universal hacia la pereza espiritual. La similitud casi idéntica entre ambos discursos no es casual: ambos personajes ilustran que ni siquiera la progenie del rey de los dioses está exenta de la necesidad del esfuerzo (*viriya*). El reproche de Sakka hacia su hijo subraya que la autoridad espiritual auténtica se basa en el mérito y la virtud, no en el linaje divino. La función de Susīma es primordialmente simbólica dentro de la enseñanza budista sobre la importancia del esfuerzo espiritual constante. [*N. de los T.*]

—*¡Querido Susīma, los asuras marchan contra los dioses! Ve y marcha contra los asuras.*

—*Sí, señor —, respondió Susīma. Pero cayó en la negligencia. Por segunda vez... Por tercera vez...*
Entonces Sakka se dirigió al dios Susīma en verso:

—*Susīma, ve a ese lugar*
donde puedas alcanzar la felicidad
sin trabajar por ella ni esforzarte y llévame contigo.

[Susīma respondió:]

—*Que un hombre perezoso que no trabaja,*
y no cumple con su deber,
cumpla todos sus deseos:
¡Sakka, concédeme esta bendición!

[Sakka respondió:]

—*Susīma, ve a ese lugar donde un hombre perezoso*
que no trabaja, prospera en una felicidad sin fin
¡y llévame contigo!

[Susīma respondió:]

—*Oh Sakka, el mejor de los dioses,*
para que podamos encontrar la felicidad sin pena, sin estrés:
Sakka, concédeme esta bendición.

[Sakka respondió:]

—*Si en algún lugar existe un lugar*

donde se pueda vivir felizmente sin trabajar,
¡ese sería sin duda el camino de la extinción!
Susīma, ve a ese lugar y llévame contigo.

[El Buda les dijo esto:]

Así, oh monjes, incluso Sakka, el señor de los dioses, mientras vive del fruto de sus buenas y malas acciones, y gobierna como señor soberano sobre estos Treinta y Tres dioses, hablará en alabanza de la iniciativa y la energía. Pero ya que habéis salido adelante con una enseñanza y un entrenamiento tan bien explicados, ¡sería verdaderamente hermoso que os esforzarais, lucharais y os esforzarais por alcanzar lo inalcanzado, lograrais lo no logrado y realizarais lo no realizado!

3

EL ESCUDO DEL ESTANDARTE

El Bienaventurado moraba una vez en Sāvatthī, en la Arboleda de Jeta, en el parque de Anāthapiṇḍika. Entonces el Bendito se dirigió a los monjes:

—¡*Oh monjes!*

—*Venerable Señor* —, escuchando al Bienaventurado.

[Entonces el Bendito dijo:]

«*Érase una vez, en tiempos remotos, oh monjes, una batalla entre los dioses y los asuras. Entonces Sakka, el señor de los dioses, se dirigió a los dioses Tāvatiṃsa⁴ de los Treinta y Tres:*

---

4 Tāvatiṃsa (pali; sánscrito *Trāyastriṃśa*) significa literalmente "perteneciente a los treinta y tres devas" y es el nombre del segundo de los seis cielos del reino del deseo (*kāmadhātu*) en la cosmología budista. Este reino celestial está situado en la cima del Monte Meru, la montaña central del mundo, y es el más alto de los cielos que mantiene una conexión física con el resto del mundo. El "treinta y tres" en el nombre del cielo no es una enumeración de los dioses que viven allí (hay muchos más) sino un término general heredado de la mitología védica, que implica "todo el panteón de dioses". En las leyendas budistas theravada, había 33 humanos en el grupo original de Sakka (liderados por un hombre llamado Magha) que pasaron toda su vida realizando grandes obras meritorias para la felicidad y el bienestar de la gente, y tras su muerte renacieron en este cielo. Sakka

—Buenos señores, cuando los dioses estén luchando,
si os asustáis o aterrorizáis,
solo mirad hacia el escudo de mi estandarte.
Entonces vuestro miedo y vuestro terror desaparecerán.

Si no podéis ver el escudo de mi estandarte,
entonces mirad el escudo del estandarte de Pajāpati⁵, rey de los dioses.
Así vuestro miedo y terror desaparecerán.

Si no podéis ver el escudo de su estandarte,
entonces mirad el escudo del estandarte de Varuna⁶, rey de los dioses.

---

gobierna desde su palacio en el centro, y los otros treinta y dos dioses viven en cuatro picos, ocho dioses por pico, en cada una de las cuatro esquinas de la meseta. La mención de estos dioses en el contexto del *Dhajagga Sutta* subraya la estructura jerárquica de la cosmología budista y la importancia del refugio en las Tres Joyas como protección superior incluso a la de las más poderosas deidades celestiales. [*N. de los T.*]

5 Pajāpati: Deidad védica del hinduismo cuyo nombre significa "Señor de las criaturas" o "Señor de los seres nacidos" (del sánscrito *praja*, "progenie", y *pati*, "señor"). En la tradición védica, Prajāpati es el gran dios creador del período védico de la antigua India, posteriormente identificado con el dios hindú Brahma. En el contexto del *Sakka Saṃyutta*, Pajāpati, junto con Varuṇa e Īsāna, aparece asociado con Sakka en el "comando supremo" durante las batallas celestiales contra los *asuras*. Su mención en este sutta ilustra cómo el budismo primitivo incorporó deidades védicas preexistentes en su cosmología, pero las subordinó a la enseñanza budista: mientras que en la tradición védica Prajāpati era el dios creador supremo, en el *Dhajagga Sutta* funciona como un protector auxiliar cuyo poder es inferior al refugio en las Tres Joyas. El texto budista reconoce que incluso mirar hacia el estandarte de estos poderosos dioses puede no eliminar el miedo, porque "no están liberados de la codicia, el odio y la ignorancia", contrastando con la superioridad absoluta del Buda, quien sí está completamente libre de estas impurezas. [*N. de los T.*]

6 Varuṇa: Prominente deidad védica del hinduismo asociada con el cielo, los océanos y el agua, cuyo nombre deriva de la raíz sánscrita *vṛ*, que significa "rodear" o "cubrir". En el período védico temprano, Varuṇa era considerado una deidad suprema, omnisciente y omnipresente, señor del orden cósmico (*ṛta*) y de

Así vuestro miedo y terror desaparecerán.

Si no podéis ver el escudo de su estandarte,
entonces mirad el escudo del estandarte de Īsāna⁷, rey de los dioses.
Así vuestro miedo y terror desaparecerán.

---

la justicia (*satya*), responsable de mantener las leyes morales del universo. Se le describe con "mil ojos" para supervisar todo el mundo, por lo que es considerado como el Señor de la Ley Moral que castiga a quienes desobedecen la ley divina. Con el tiempo, su prominencia disminuyó cuando Indra se convirtió en el rey de los dioses, y Varuṇa fue relegado al papel de guardián de la dirección occidental y señor específico de océanos y ríos. En el contexto del *Dhajagga Sutta*, Varuṇa aparece junto con Pajāpati e Īsāna como asociado con Sakka en el "comando supremo" durante las batallas celestiales. Su inclusión ilustra la hábil incorporación budista de deidades védicas preexistentes: mientras que en la tradición védica Varuṇa era una figura de autoridad cósmica suprema, el texto budista reconoce que incluso la protección de estos poderosos dioses puede fallar, porque no están completamente liberados de las impurezas mentales, contrastando con la protección infalible que ofrece el refugio en las Tres Joyas. [*N. de los T.*]

7 Īsāna: Deidad védica-hindú cuyo nombre significa literalmente "el que gobierna" o "señor", considerado un aspecto o forma del dios Shiva. En el hinduismo védico, es el regente de la dirección nordeste y representa la encarnación de todo aprendizaje y el maestro de todo conocimiento. Īsāna es clasificado entre los ocho *dikpālakas* (guardianes de las direcciones) que protegen el nordeste, así como entre los once Rudras del panteón védico que representan los principios del *prāṇa* o fuerza vital. Su nombre tiene sus raíces en la palabra sánscrita "ish", que significa el poder invisible que gobierna el universo, siendo sinónimo de *Īśvara*, "El Señor". Según las escrituras hindúes, Shiva tiene cinco caras, y la quinta cara (Īsāna) se dirige hacia arriba, hacia el cielo, significando la forma etérea, sutil, de Shiva que representa el conocimiento trascendental. En el contexto del *Dhajagga Sutta*, su mención junto con Pajāpati y Varuṇa como comandantes celestiales ilustra la recontextualización budista de las deidades védicas: aunque en la tradición hindú Īsāna representa el aspecto supremo y trascendental de la divinidad, el texto budista enseña que incluso la protección de estas poderosas deidades puede fallar, porque no están completamente libres de las impurezas mentales, contrastando con la protección absoluta que ofrece el refugio en el Buda, el Dhamma y la Sangha. [*N. de los T.*]

[Entonces el Buda hablo así a los monjes:]

—*Sin embargo, cuando miran hacia los escudos de esas banderas, su miedo y terror puede que desaparezcan o puede que no.*

¿Por qué? Porque Sakka no está libre de codicia, odio y engaño. Se vuelve temeroso, se asusta, se aterroriza y huye.

Pero, monjes, os digo esto: si habéis ido a un páramo, o a la raíz de un árbol, o a una cabaña vacía y os asustáis o aterrorizáis, solo recordadme:

"Ese Bendito es perfeccionado, un Buda plenamente despierto, consumado en conocimiento y conducta, santo, conocedor del mundo, guía supremo para quienes desean entrenarse, maestro de dioses y humanos, despierto, bendito."

Entonces vuestro miedo y terror desaparecerán.
Si no podéis recordarme a mí, entonces recordad la enseñanza:

"La enseñanza está bien explicada por el Buda, realizable en esta misma vida, inmediatamente efectiva, invitando a la inspección, relevante, para que la gente sensata pueda conocerla por sí misma."

Entonces desaparecerán el miedo y el terror.

Si no podéis recordar la enseñanza, entonces recordad a la Saṅgha:

"La Saṅgha de los discípulos de Buda practica el camino que es bueno, directo, metódico y apropiado. Está formada por los cuatro pares, los ocho individuos[8]. Esta Saṅgha de los discípulos de Buda

---

8 "Los cuatro pares, los ocho individuos" es una fórmula canónica (*cattāri pu-*

es digna de ofrendas dedicadas a los dioses, digna de hospitalidad, digna de la ofrenda de un maestro y digna de saludar con las palmas de las manos unidas. Es un campo supremo de mérito para el mundo."

Entonces vuestro miedo y terror desaparecerán.

¿Por qué? Porque el Realizado está libre de codicia, odio y engaño. No siente miedo, temor, terror ni huye.

Eso es lo que dijo el Buda. Entonces el Santo, el Maestro, continuó diciendo:

"En el desierto, en la raíz de un árbol, o en una cabaña vacía, oh monjes, recordad al Buda, y no tendréis miedo.

Si no podéis recordar a Buda —el más viejo del mundo, el toro de un hombre—, entonces recordad la enseñanza, emancipadora, bien enseñada.

---

risayugāni aṭṭha purisapuggalā en pali) que describe la *Saṅgha* noble (*ariya-saṅgha*), es decir, la comunidad de aquellos que han alcanzado o están progresando hacia los distintos niveles de realización espiritual en el budismo theravada. Los cuatro "pares" (*yugala*) se refieren a los cuatro niveles de santidad, cada uno compuesto por dos individuos: uno que está en el sendero (*magga*) hacia esa realización y otro que ya ha alcanzado el fruto (*phala*) de la misma. Los cuatro niveles son: 1) *Sotāpatti* (entrada en la corriente): el sendero hacia y el fruto de la primera realización supramundana; 2) *Sakadāgāmi* (retorno una vez): quienes renacerán como máximo una vez más en el reino humano; 3) *Anāgāmi* (no retorno): quienes no volverán a renacer en reinos inferiores; 4) *Arahatta* (perfección): quienes han alcanzado la liberación completa. Esta distinción entre "sendero" y "fruto" subraya que la Sangha noble incluye tanto a quienes están progresando espiritualmente como a quienes han completado cada etapa de realización. La fórmula enfatiza que el refugio en la *Saṅgha* no se refiere únicamente a la comunidad monástica convencional, sino específicamente a estos individuos realizados espiritualmente. [*N. de los T.*]

*Si no podéis recordar la enseñanza emancipadora, bien enseñada
entonces recordad a la Saṅgha, el campo supremo de mérito.
Así recordad al Buda, la Enseñanza, y la Saṅgha,
oh monjes, y el miedo, el terror
y la piel de gallina ya no existirán.»*

4

CON VEPACITTI

En una ocasión, en Sāvatthī [el Buda se dirigió a los monjes con estas palabras]:

«*Érase una vez, oh monjes, una batalla entre los dioses y los asuras. Entonces Vepacitti*[9]*, señor de los asuras, se dirigió a los asuras:*

—Mis buenos señores, si los asuras derrotan a los dioses en esta batalla, atad a Sakka, el señor de los dioses, por sus miembros y cuello y traedlo a mi presencia en el castillo de los asuras.

---

9 Vepacitti es el Señor o rey de los *asuras* (*asurinda*). Es el líder más importante de los *asuras* en su lucha contra los *devas* de Trāyastriṃśa, donde habían vivido anteriormente. Su nombre sánscrito es Vemacitrin. En la cosmología budista, Vepacitti representa el arquetipo de la ira, el orgullo y la ignorancia, funcionando como antagonista de Sakka en las narrativas que ilustran virtudes budistas. Paradójicamente, también es el suegro de Sakka, pues Sakka está casado con Sujā, hija de Vepacitti, lo que explica las complejas relaciones entre ambos: a veces están en guerra, otras veces viven en concordia. Según los comentarios, su nombre original era Sambara, pero cuando los videntes lo maldijeron por negarles protección, su mente se trastornó (*cittaṃ vepati*) y fue llamado Vepacitti ("mente trastornada"). En el contexto doctrinal del *Sakka Saṃyutta*, Vepacitti funciona como el contraejemplo perfecto de las virtudes budistas: donde Sakka muestra paciencia (*khanti*), Vepacitti muestra ira; donde Sakka emplea la sabiduría, Vepacitti recurre a la violencia. Su función pedagógica es demostrar que incluso los seres poderosos que carecen de sabiduría budista están dominados por las pasiones destructivas. [*N. de los T.*]

Mientras tanto, Sakka, el señor de los dioses, se dirigió a los dioses de los Treinta y Tres:

—Mis buenos señores, si los dioses derrotan a los asuras en esta batalla, atad a Vepacitti por sus miembros y cuello y traedlo a mi presencia en la sala Sudhamma de los dioses.

En esa batalla ganaron los dioses y perdieron los asuras. Así que los dioses de los Treinta y Tres ataron a Vepacitti por sus miembros y cuello y lo llevaron a la presencia de Sakka en la sala Sudhamma de los dioses. Y mientras Sakka entraba y salía de la sala, Vepacitti lo maltrató e insultó con palabras groseras y ásperas.

Entonces Mātali el auriga[10] *se dirigió a Sakka en verso:*
—Oh Maghavā[11], *oh Sakka,*

---

10 Mātali es el auriga celestial de Sakka (Indra), descrito como su "compañero constante" en el Canon Pali. En la tradición budista, Mātali sirve como el cochero celestial que transporta a figuras virtuosas al cielo por orden de Sakka, y actúa como su mensajero y asistente en diversas misiones divinas. Su figura deriva directamente de la mitología védica-hindú, donde Mātali es el famoso auriga de Indra que aparece como figura destacada en el *Mahābhārata* y el *Rāmāyaṇa*, ayudando a héroes como Arjuna y Rāma en batallas decisivas. En el contexto específico del *Sakka Saṃyutta*, Mātali cumple una función pedagógica crucial: actúa como catalizador para la enseñanza, planteando preguntas o comentarios que permiten a Sakka exponer principios budistas de manera clara y accesible. En este sutta 4, Mātali representa el punto de vista convencional que favorece la respuesta agresiva ante la provocación ("que una persona inteligente debe detener a un tonto con un castigo contundente"), contrastando con la respuesta de sabiduría budista de Sakka que enfatiza la paciencia (*khanti*) y la contención. Su caracterización como figura que inicialmente no comprende la sabiduría superior de Sakka permite al texto desarrollar la enseñanza de manera dialógica, mostrando la superioridad de los valores budistas sobre las respuestas emocionales inmediatas. [*N. de los T.*]

11 Se dice que Sakka recibe este nombre porque "en una vida anterior, cuando era un ser humano, era un brahmín llamado Magha". Este Magha histórico fue el líder de un grupo de treinta y tres jóvenes que se dedicaron a obras meritorias como construir caminos, pozos y lugares de descanso para el bienestar público.

¿es por miedo o por debilidad
que soportas palabras tan ásperas en presencia de Vepacitti?

[Entonces Sakka respondió:]

—No es por miedo ni por debilidad por lo que soy paciente con Vepacitti.
¿Cómo puede una persona sensata como yo pelearse con un tonto?

[Mātali respondió:]

—Los tontos se desahogarían aún más
si no hay nadie que les ponga freno.
Así que una persona inteligente debe detener
a un tonto con un castigo contundente.

[Sakka respondió:]

—Creo que esta es la única manera de parar a un tonto:
cuando sepas que el otro está molesto,
sé consciente y mantén la calma.

[Mātali respondió:]

—Veo este defecto, Vāsava[12], en solo ser paciente.

---

12 El Canon Pali ofrece dos explicaciones etimológicas: según el *Saṃyutta Nikaya*, Sakka recibe este nombre (Vāsava) "porque daba lugares de vivienda" (*āvasathaṃ*) a renunciantes y brahmines en su vida humana; según el *Digha Nikaya*, es llamado Vāsava porque es "el jefe de los Vasu" (*Vāsunāṃ seṭṭho*). Ambos nombres derivan originalmente de epítetos védicos de Indra (Maghavat y Vāsava aparecen en los Vedas), pero el budismo los reinterpreta éticamente, conectándolos con las acciones meritorias específicas que Sakka realizó en vidas pasadas humanas. Esta recontextualización ilustra cómo el budismo transformó conceptos védicos: donde la tradición védica veía atributos divinos inherentes, el budismo enfatiza la causalidad moral (*karma*) como explicación del estatus celestial. El uso de estos nombres por Mātali refleja el protocolo cortesano celestial y subraya la veneración que incluso los asistentes divinos muestran hacia Sakka. [*N. de los T.*]

Cuando un tonto piensa:
'Me aguanta por miedo,'
el idiota te perseguirá aún más persistente,
como una vaca persiguiendo a alguien que huye.

[Sakka respondió:]

—*Que piense esto si quiere, o no: 'Me aguanta por miedo.'*
De las metas que culminan en el propio bien,
no se encuentra ninguna mejor que la paciencia.

Cuando una persona fuerte aguanta a un débil,
lo llaman la paciencia suprema,
ante un débil siempre hay que mantener la paciencia.

La fuerza de la locura
es en realidad debilidad, dicen.
Pero nadie puede desafiar a una persona
que es fuerte porque está protegida por la enseñanza.

Cuando te enfadas con una persona enfadada
solo consigues empeorar las cosas para ti mismo.
Cuando no te enfadas con una persona enfadada,
ganas una batalla difícil de ganar.
Cuando sabes que el otro está enfadado,
actúas por el bien de ambos, tanto de ti mismo como del otro,
si eres consciente y mantienes la calma.

La gente no experta en la enseñanza considera a que quien se cura,
tanto a sí mismo como al otro, un necio.

Así pues, oh monjes, incluso Sakka, el señor de los dioses —mientras
vive del fruto de sus buenas y malas acciones, y gobierna como señor

soberano sobre estos dioses de los Treinta y Tres— hablará en alabanza de la paciencia y la dulzura.

Pero ya que habéis salido con una enseñanza y un entrenamiento tan bien explicados, ¡sería verdaderamente hermoso que fuerais pacientes y gentiles!»

5

LA VICTORIA POR EL BUEN DISCURSO

En una ocasión, en Sāvatthī [el Buda se dirigió a los monjes con estas palabras]:

«*Érase una vez, oh monjes, que hubo una batalla entre los dioses y los asuras. Entonces Vepacitti, señor de los asuras, dijo a Sakka, señor de los dioses:*

—¡Señor de los dioses, que haya victoria mediante buenas palabras!

[Sakka le respondió:]

—Vepacitti, ¡que haya victoria mediante buenas palabras!

Entonces los dioses y los asuras nombraron un panel de jueces, diciendo:

—Estos entenderán nuestras declaraciones buenas y malas.

Entonces Vepacitti, señor de los asuras, dijo a Sakka, señor de los dioses:

—¡Señor de los dioses, recita un verso!

Cuando dijo esto, Sakka le respondió:

—*Vepacitti, tú eres el dios mayor aquí. Recita un verso.*

Vepacitti recitó este verso:

Los tontos se desahogarían aún más
si no hay nadie que los detenga.
Así que una persona inteligente debe detener
a un tonto con un castigo contundente.

Los asuras aplaudieron el verso de Vepacitti, mientras que los dioses permanecieron en silencio. Entonces Vepacitti dijo a Sakka:

—*Señor de los dioses, recita un verso.*

Sakka recitó este verso:

Creo que esta es la única manera de poner fin a un tonto:
cuando sepas que el otro está molesto, sé consciente y mantén la calma.

Los dioses aplaudieron el verso de Sakka, mientras que los asuras permanecieron en silencio. Entonces Sakka dijo a Vepacitti:

—*Vepacitti, recita un verso.*

Vepacitti recitó este verso:

Veo este defecto, Vāsava, en solo ser paciente.
Cuando un tonto piensa:
'Me aguanta por miedo',
el idiota te perseguirá aún más persistente,
como una vaca persiguiendo a alguien que huye.

Los asuras aplaudieron el verso de Vepacitti, mientras que los dioses permanecieron en silencio. Entonces Vepacitti dijo a Sakka:

—Señor de los dioses, recita un verso.

Entonces Sakka recitó este verso:

Que piense esto si lo desea, o no:
'Me soporta por miedo.'
De las metas que culminan en el propio bien,
no se encuentra ninguna mejor que la paciencia.

Cuando una persona fuerte aguanta a un débil,
lo llaman la paciencia suprema,
ante un débil siempre hay que mantener la paciencia.

La fuerza de la locura
es en realidad debilidad, dicen.
Pero nadie puede desafiar a una persona
que es fuerte porque está protegida por la enseñanza.

Cuando te enfadas con una persona enfadada
solo consigues empeorar las cosas para ti mismo.
Cuando no te enfadas con una persona enfadada,
ganas una batalla difícil de ganar.

Cuando sabes que el otro está enfadado,
actúas por el bien de ambos, tanto por ti como del otro,
si eres consciente y mantienes la calma.

La gente no experta en la enseñanza considera
que quien se cura tanto a sí mismo como al otro es un necio.

Los dioses aplaudieron los versos de Sakka, mientras que los asuras permanecieron en silencio. Entonces, el jurado, compuesto por dioses y asuras, dijo lo siguiente:

—Los versos pronunciados por Vepacitti evocan castigo y violencia. Así se producen discusiones, peleas y disputas. Los versos pronunciados por Sakka no evocan castigo ni violencia. Así es como te mantienes libre de discusiones, peleas y disputas. Sakka, señor de los dioses, gana la victoria mediante buenas palabras.

Y así es como Sakka consiguió la victoria con buenas palabras.»

6

NIDOS DE PÁJAROS

En una ocasión, en Sāvatthī [el Buda se dirigió a los monjes con estas palabras]:

«*Érase una vez, oh monjes, una batalla entre los dioses y los asuras. En esa batalla ganaron los asuras y perdieron los dioses. Derrotados, los dioses huyeron hacia el norte con los asuras persiguiéndoles.*

Entonces Sakka, señor de los dioses, se dirigió a su auriga Mātali en verso:

*—Mātali, no embistas los nidos de pájaros
en los bosques rojos de algodón de seda con la pértiga de tu carro.
Prefiero entregar nuestras vidas a los asuras que privar a estos pájaros de sus nidos.*

—Sí, señor —, respondió Mātali.

*Y volvió a dar la vuelta al carro, con su yunta de mil corceles.
Entonces los asuras pensaron:*

"Ahora el carro de Sakka ha dado la vuelta. Los asuras tendrán que luchar contra los dioses por segunda vez". Aterrorizados, se retiraron de inmediato al castillo de los asuras.

Y así fue como Sakka consiguió la victoria por principio.» [13]

---

13 Este discurso ilustra una enseñanza fundamental sobre el poder transformador de la virtud ética (*sīla*). En el momento crítico de la batalla, cuando los dioses huyen derrotados, Sakka se enfrenta a un dilema moral: continuar la huida y destruir accidentalmente los nidos de los pájaros, o detenerse y arriesgarse a ser capturados. Su decisión de proteger a estos seres inocentes, declarando que prefiere entregar su vida antes que privar a los pájaros de sus hogares, ejemplifica la compasión universal (*karuṇā*) y el principio de no-violencia (*ahimsa*) que trasciende el interés propio. La paradoja surge cuando los *asuras*, al ver que Sakka da la vuelta, malinterpretan este acto de compasión como una estrategia militar y huyen aterrorizados. La frase conclusiva "Sakka consiguió la victoria por principio" (*sīlena jayo*) constituye la enseñanza central: la verdadera fuerza no proviene del poder militar sino del carácter moral, y adherirse a principios éticos, aunque parezca contraproducente en situaciones adversas, posee un poder transformador real que puede cambiar las circunstancias de manera inesperada. El sutta demuestra que la virtud no es debilidad sino una fuente auténtica de poder que opera según leyes morales superiores. [*N. de los T.*]

7

NO TRAICIONAR

Así lo he oído. Una vez en Sāvatthī [el Buda se dirigió a los monjes con estas palabras]:

«Érase una vez, oh monjes, que Sakka, el señor de los dioses, estaba en retiro privado y este pensamiento vino a su mente: "Nunca debería traicionar ni siquiera a un enemigo jurado."

Y entonces Vepacitti, señor de los asuras, sabiendo lo que Sakka estaba pensando, se acercó a él. Sakka vio a Vepacitti a lo lejos, y le dijo:

—¡Detente, Vepacitti, estás atrapado!

[Vepacitti respondió:]

—¡Querido señor, no abandones la idea que acabas de tener!

[Sakka respondió:]

—Jura, Vepacitti, que no me traicionarás.

[Vepacitti respondió:]

—*Cualquier cosa mala le sucede a un mentiroso,*
o a alguien que calumnia a los nobles, o a alguien que traiciona a
un amigo,
o a alguien que es desagradecido: las mismas cosas malas impactan
a cualquiera que te traicione, esposo de Sujā.[14]»

---

14 Esta referencia añade una dimensión personal al recordar que Sakka es el yer-
no de Vepacitti (casado con su hija Sujā), transformando el conflicto de enemigos
absolutos a adversarios con vínculos familiares.

8

VEROCANA[15], SEÑOR DE LOS ASURAS

Ocurrió cerca de Sāvatthī, en la Arboleda de Jeta. En aquel momento el Buda se había retirado a la soledad para la meditación del día. Entonces Sakka, señor de los dioses, y Verocana, señor de los asuras, se acercaron al Bendito y se colocaron cada uno junto al poste de la puerta. Entonces Verocana recitó este verso en presencia del Victorioso:

—*Un hombre debe esforzarse hasta lograr su objetivo.*

---

15 Verocana no es el mismo personaje que Vepacitti, sino otro líder *asura* (*asurinda*) diferente. Según las fuentes canónicas budistas, existen varios señores *asuras*, siendo los principales Vepacitti, Rāhu (también llamado Veroca o Verocana), y Pahārāda. Mientras que Vepacitti aparece en los suttas 4, 5 y 7 como el principal antagonista de Sakka en contextos de guerra y conflicto, representando la ira y la agresión (además de ser su suegro como padre de Sujā), Verocana aparece en el sutta 8 en un contexto completamente diferente: un encuentro filosófico-doctrinal donde no hay hostilidad, sino un diálogo respetuoso sobre metas espirituales y el valor de la paciencia. Esta diferencia es doctrinalmente significativa porque ilustra que no todos los *asuras* son inherentemente hostiles o carentes de sabiduría. La diversidad entre estos líderes *asuras* demuestra que incluso dentro del mismo reino de existencia, los seres pueden tener diferentes grados de virtud y comprensión espiritual, reflejando la complejidad de la cosmología budista donde el estatus cósmico no determina automáticamente el carácter moral. La inclusión de ambos personajes enriquece la enseñanza mostrando el espectro completo de posibilidades éticas dentro del mundo de los *asuras*. [*N. de los T.*]

Cuando los objetivos se cumplen, brillan: ¡ésta es la palabra de Verocana!

[El Buda respondió:]

—*Un hombre debe esforzarse hasta lograr su objetivo.*
De las metas que brillan cuando se cumplen,
no se encuentra ninguna mejor que la paciencia.

[Verocana añadió:]

—*Todos los seres están orientados hacia una meta,*
como les corresponde en cada caso.
Pero la conexión es el último
de los placeres para todos los seres vivos.
Cuando los objetivos se cumplen brillan: ¡ésta es la palabra de Verocana!

[El Buda respondió:]

—*Todos los seres están orientados a objetivos,*
como les corresponde en cada caso.
Pero la conexión es el máximo
de los placeres para todos los seres vivos.
De las metas que brillan cuando se cumplen,
no se encuentra ninguna mejor que la paciencia.

9

VIDENTES EN EL DESIERTO

En cierta ocasión, en Sāvatthī [el Buda se dirigió a los monjes con estas palabras]:

«*Érase una vez, oh monjes, que varios videntes que eran éticos, de buen carácter, se establecieron en chozas de hojas en una región salvaje. Entonces Sakka, señor de los dioses, y Vepacitti, señor de los asuras, fueron a ver a esos videntes. Por su parte, Vepacitti se calzó las botas, se ciñó la espada y, llevando una sombrilla, entró en la ermita por la puerta principal. Pasó junto a los videntes, manteniéndolos a distancia. Entonces Sakka se quitó las botas, dio su espada a otros y, dejando la sombrilla, entró en la ermita por una puerta que encontró de casualidad. Se situó a sotavento de aquellos videntes, reverenciándoles con las palmas de las manos unidas.*

Entonces los videntes se dirigieron a Sakka en verso:

—*Cuando los videntes han sido ordenados durante mucho tiempo, el olor de sus cuerpos se mueve con el viento. Será mejor que te vayas, ¡oh mil ojos! El olor de los videntes es impuro, rey de los dioses.*

[Sakka les respondió:]

—*Cuando los videntes han sido ordenados por largo tiempo,*
deja que el olor de sus cuerpos se vaya con el viento.
Anhelamos este olor, señores, como una colorida corona de flores.
Los dioses no lo consideran repulsivo.»

10

VIDENTES JUNTO AL OCÉANO

Una vez en Sāvatthī [el Buda se dirigió a los monjes con estas palabras]:

«*Érase una vez, oh monjes, varios videntes que eran éticos, de buen carácter, se establecieron en chozas de hojas junto al océano. En aquel tiempo se libraba una batalla entre los dioses y los asuras. Entonces los videntes pensaron: "Los dioses tienen principios, los asuras carecen de ellos. Los asuras pueden ponernos en peligro. ¿Por qué no nos acercamos a Sambara*[16]*, señor de los asuras, y le rogamos*

---

16 Según los comentarios canónicos tradicionales, particularmente los atribuidos a Buddhaghosa, Sambara y Vepacitti (el principal antagonista de Sakka en otros suttas de esta colección) son la misma entidad en diferentes períodos. La tradición explica que el nombre original de Vepacitti era Sambara, pero cuando los videntes lo maldijeron por negarles protección (precisamente el episodio narrado en este sutta), su mente se trastornó (*cittaṃ vepati*) y a partir de entonces fue llamado Vepacitti, que significa literalmente "mente trastornada". Esta conexión se refuerza en el sutta 23, donde se menciona el "hechizo Sambari" y Vepacitti advierte sobre las terribles consecuencias que sufrió "Sambara" por sus acciones mágicas. En la mitología india más amplia, Sambara es un demonio asociado con la hechicería y enemigo tradicional de Indra (Sakka), lo que encaja con su papel en el *Sakka Saṃyutta*. Doctrinalmente, la transformación Sambara → Vepacitti ilustra la causalidad kármica: incluso los seres más poderosos sufren las consecuencias inevitables de sus acciones crueles hacia los virtuosos. Sambara representa el arquetipo del poder corrupto que desprecia la virtud, y su metamor-

una promesa de seguridad?" Así, tan fácilmente como una persona fuerte extendería o contraería su brazo, aquellos videntes desaparecieron de aquellas chozas de hojas junto al océano y reaparecieron en presencia de Sambara. Entonces aquellos videntes se dirigieron a Sambara en verso:

—*Los videntes han venido a Sambara para pedirte una promesa de seguridad.*
Ya que puedes darles lo que desees, se trate de algo peligroso o de seguridad.

[Sambara les respondió:]

—*No hay seguridad para los videntes, ¡los odiados socios de Sakka! Aunque me ruegues por tu seguridad, ¡solo te daré miedo!*

[Los videntes le respondieron:]

—*Aunque te roguemos por nuestra seguridad, solo nos das miedo. Esto es lo que obtenemos de ti: ¡que os aceche un peligro sin fin! Cualquiera que sea la semilla que siembres, ése será el fruto que coseches.*
El que hace el bien recibe el bien, el que hace el mal recibe el mal. Tú has sembrado tu propia semilla, amigo, ahora experimentarás el fruto.

Entonces aquellos videntes, tras maldecir a Sambara, con la misma facilidad con que una persona fuerte extendería o contraería su brazo, desaparecieron de la presencia de Sambara y reaparecieron en aquellas chozas de hojas junto al océano. Pero después de haber sido maldecido por los videntes, Sambara se despertó alarmado tres veces aquella noche.»

---

fosis simboliza cómo el mal, en última instancia, se autodestruye. [*N. de los T.*]

CAPÍTULO SEGUNDO

DUTIYA VAGGA

Esta sección central del *Sakka Saṃyutta* (suttas 11-20) pivota desde las virtudes fundamentales establecidas en el *Pathama Vagga* hacia una exploración sistemática de la devoción, el mérito y las relaciones correctas con las Tres Joyas. Su arquitectura temática se organiza en tres movimientos: primero, los suttas 11-13 se dedican a desentrañar la identidad y los atributos de Sakka, comenzando con los "siete votos" que realizó en su vida humana anterior y que le valieron su estatus divino, continuando con la etimología de sus múltiples nombres (Maghavā, Purindada, Vāsava, etc.), y culminando con el diálogo con Mahāli el Licchavi sobre la veracidad de la visión espiritual del Buda. El segundo movimiento (suttas 14-16) articula enseñanzas fundamentales sobre la causalidad kármica y la fructificación del mérito: el sutta 14 demuestra cómo la virtud trasciende las circunstancias sociales mediante la historia del hombre pobre que eclipsa a dioses nativos, mientras los suttas 15-16 establecen jerarquías de valor espiritual (lugares encantadores vs. seres nobles; donaciones a diferentes recipientes). El tercer movimiento (suttas 17-20) constituye una sinfonía de la devoción correcta, explorando las formas apropiadas de reverencia hacia el Buda y culminando con la triple exposición de "A quién venera Sakka", donde el poderoso rey celestial modela la humildad espiritual al adorar sucesivamente al Buda, a los arhats y a la Sangha mendicante. En conjunto, el *Dutiya Vagga* funciona como un manual de *bhakti* (devoción) budista, enseñando que la verdadera grandeza espiritual se manifiesta en el reconocimiento de la superioridad de las Tres Joyas sobre cualquier poder mundano o celestial.

11

VOTOS

En una ocasión, en Sāvatthī [el Buda se dirigió a los monjes con estas palabras]:

«*Oh monjes, en una vida anterior, cuando Sakka era un ser humano, emprendió siete votos. Y fue por haberlos emprendido por lo que alcanzó el estatus de Sakka. ¿Qué siete? Mientras viva, que pueda mantener a mis padres. Mientras viva, que honre a los mayores de la familia. Mientras viva, que hable con dulzura. Mientras viva, que no hable con divisiones. Mientras viva, que pueda vivir en casa libre de la mancha de la mezquindad, libremente generoso, de manos abiertas, amante de dejar ir, comprometido con la caridad, amante de dar y compartir. Que mientras viva diga la verdad. Mientras viva, que pueda estar libre de ira, o si la ira surge, que pueda deshacerme de ella rápidamente. En una vida anterior, cuando Sakka era un ser humano, hizo siete votos. Y fue gracias a ellos que alcanzó el estatus de Sakka.*

Una persona que respeta a sus padres y honra a los ancianos de la familia, cuya forma de hablar es amable y cortés, y ha renunciado a la división; que se ha comprometido a deshacerse de la mezquindad, es veraz y ha dominado la ira: los dioses de los Treinta y Tres lo llaman verdaderamente una buena persona.»

12

LOS NOMBRES DE SAKKA

Cerca de Sāvatthī, en la Arboleda de Jeta. Allí el Buda habló a los monjes:

«*Oh monjes, en una vida anterior, cuando Sakka era un ser humano, era un estudiante brahmánico llamado Magha. Por eso se le llama Maghavā.*

En una vida anterior, cuando Sakka era un ser humano, daba regalos de ciudad en ciudad. Por eso se le llamaba Purindada, el Primer Donante.

En una vida anterior, cuando Sakka era un ser humano, daba regalos cuidadosamente. Por eso se le llamaba Sakka, el Cuidadoso.

En una vida anterior, cuando Sakka era un ser humano, dio el regalo de una casa de huéspedes. Por eso se le llamaba Vāsava, el Hospitalario.

Sakka piensa en mil cosas en un momento. Por eso se le llama Sahassakkha, el de Los Mil Ojos.

La esposa de Sakka es la hija de un demonio llamada Sujā. Por eso se le llama Sujampati, el Esposo de Sujā.

Sakka gobierna como señor soberano sobre los dioses de los Treinta y Tres. Por eso se le llama señor de los dioses.

En una vida anterior, cuando Sakka era un ser humano, hizo siete votos. Y fue por haberlos hecho por lo que alcanzó el estatus de Sakka. ¿Cuáles fueron esos siete votos? "Mientras viva, que pueda mantener a mis padres. Mientras viva, que honre a los mayores de la familia. Mientras viva, que hable con dulzura. Mientras viva, que no hable con dobles sentidos. Mientras viva, que pueda vivir en casa libre de la mancha de la mezquindad, libremente generoso, de manos abiertas, amante de dejar ir, comprometido con la caridad, amante de dar y compartir. Que mientras viva diga la verdad. Mientras viva, que pueda estar libre de ira, o si la ira surge, que pueda deshacerme de ella rápidamente." En una vida anterior, cuando Sakka era un ser humano, hizo siete votos. Y fue gracias a ellos que alcanzó el estatus de Sakka.

Una persona que respeta a sus padres y honra a los mayores de la familia, cuya forma de hablar es amable y cortés, y que ha renunciado a la división; que se ha comprometido a deshacerse de la mezquindad, es veraz y ha dominado la ira: los dioses de los Treinta y Tres lo llaman verdaderamente una buena persona.»

13

CON MAHĀLI

Así lo he oído. En cierta ocasión, el Buda moraba cerca de Vesālī, en el Gran Bosque, en la sala con el tejado de picos. Entonces Mahāli el Licchavi[17] se acercó al Victorioso, se inclinó, le rindió homenaje, se sentó a un lado y le dijo:

---

17 Mahāli el Licchavi es un personaje histórico que aparece en varios suttas del Canon Pali, siendo uno de los nobles de la república Licchavi más frecuentemente mencionados en las escrituras budistas. Además de su aparición en este discurso del *Sakka Saṃyutta* (sutta 13), es el interlocutor principal del *Mahāli Sutta* (Dīgha Nikāya 6), donde plantea al Buda preguntas sobre la visión celestial, los fenómenos sobrenaturales y la naturaleza del alma. Su caracterización en los textos sugiere que era un aristócrata cultivado con un genuino interés intelectual en las enseñanzas budistas, pero también cierto escepticismo inicial, como se evidencia en el sutta 13 cuando cuestiona si el Buda realmente ha visto a Sakka o solo a "alguien que se parecía a Sakka". Esta actitud de duda respetuosa pero inquisitiva lo presenta como un interlocutor ideal para el Buda, permitiendo la exposición de enseñanzas profundas de manera dialógica. Los comentarios tradicionales no proporcionan detalles biográficos extensos sobre Mahāli, pero su recurrente presencia en el Canon sugiere que fue una figura relevante en la corte Licchavi y un simpatizante temprano del budismo. Su papel literario en los suttas es el del *noble investigador* que, desde una posición de respeto pero no de fe ciega, busca comprender la naturaleza de la realidad espiritual, representando así el tipo de audiencia aristocrática e intelectualmente sofisticada que el Buda frecuentemente encontraba en Vesālī. Los Licchavi controlaban un territorio que abarcaba partes del actual norte de India y sur de Nepal, con capital en Vesālī (actual Vaishali, Bihar). A diferencia de los reinos monárquicos circundantes, los

—*Señor, ¿has visto a Sakka, señor de los dioses?*

—*Lo he visto, Mahāli.*

—*Pero seguramente, Señor, habrás visto a alguien que se parecía a Sakka.*
Porque Sakka es difícil de ver.

—*Mahāli, conozco a Sakka. Y conozco las cosas que emprendió y a las que se comprometió, que le permitieron alcanzar el estatus de Sakka.*

En una vida anterior, cuando Sakka era un ser humano, era un estudiante brahmánico llamado Magha. Por eso se le llamaba Maghavā.

En una vida anterior, cuando Sakka era un ser humano, daba regalos cuidadosamente. Por eso se le llamaba Sakka, el cuidadoso.

En una vida anterior, cuando Sakka era un ser humano, daba regalos de ciudad en ciudad. Por eso se le llamaba Purindada, el dador de las ciudades.

Licchavi mantenían un sistema republicano gobernado por una asamblea de nobles (*gaṇa*), siendo una de las repúblicas más prósperas y militarmente poderosas de su época. Se caracterizaban por su riqueza comercial, sofisticación cultural y notable autonomía política. Los Licchavi mantuvieron generalmente buenas relaciones con el Buda y su comunidad, y Vesālī se convirtió en uno de los principales centros del budismo primitivo. La presencia de este noble republicano en el sutta ilustra cómo las enseñanzas budistas atraían a las élites políticas más sofisticadas de la época, trascendiendo las fronteras entre diferentes sistemas de gobierno. [*N. de los T.*]

En una vida anterior, cuando Sakka era un ser humano, dio el regalo de una casa de huéspedes. Por eso se le llamaba Vāsava, el hospitalario.

Sakka piensa en mil cosas en un momento. Por eso se le llama Sahassakkha, el de Los Mil Ojos.

La esposa de Sakka es la doncella-demonio llamada Sujā. Por eso se le llama Sujampati, el marido de Sujā.

Sakka gobierna como señor soberano sobre los dioses de los Treinta y Tres. Por eso se le llama señor de los dioses.

En una vida anterior, cuando Sakka era un ser humano, hizo siete votos. Y fue gracias a ellos que alcanzó el estatus de Sakka. ¿Qué siete votos? "Mientras viva, que pueda mantener a mis padres. Mientras viva, que honre a los mayores de la familia. Mientras viva, que hable con dulzura. Mientras viva, que no hable con divisiones. Mientras viva, que pueda vivir en casa libre de la mancha de la mezquindad, libremente generoso, de manos abiertas, amante de dejar ir, comprometido con la caridad, amante de dar y compartir. Que mientras viva diga la verdad. Mientras viva, que pueda estar libre de ira, o si la ira surge, que pueda deshacerme de ella rápidamente." En una vida anterior, cuando Sakka era un ser humano, hizo siete votos. Y fue gracias a ellos que alcanzó el estatus de Sakka.

Una persona que respeta a sus padres y honra a los ancianos de la familia, cuya forma de hablar es amable y cortés, y ha renunciado a la división; que se ha comprometido a deshacerse de la mezquindad, es veraz y ha dominado la ira: los dioses de los Treinta y Tres lo llaman verdaderamente una buena persona.»

14

POBRE

En cierta ocasión, el Buda moraba cerca de Rājagaha, en la Arboleda de Bambú, lugar de alimentación de las ardillas. Allí el Bendito se dirigió a los monjes:

—*¡Oh monjes!*

—*Venerable Señor —, respondieron ellos.*

—*Érase una vez, oh monjes, una persona pobre, indigente y penosa. Emprendió la fe, la ética, el aprendizaje, la generosidad y la sabiduría en la enseñanza y el entrenamiento proclamados por el Realizado. Después de emprender estas cosas, cuando su cuerpo se deshacía, tras la muerte, renació en un buen lugar, un reino celestial, en compañía de los dioses de los Treinta y Tres. Allí eclipsaba a los demás dioses en belleza y gloria. Pero los dioses de los Treinta y Tres se quejaron, refunfuñaron y objetaron:*

—*¡Es increíble, es increíble! Pues cuando este dios era un ser humano en su vida pasada era pobre, indigente y penoso. Y cuando su cuerpo se deshizo, tras la muerte, renació en un buen lugar, un reino celestial, en compañía de los dioses de los Treinta y Tres. Aquí eclipsa a los demás dioses en belleza y gloria.*

Entonces Sakka, señor de los dioses, se dirigió a los dioses de los Treinta y Tres:

—*Buenos señores, no os quejéis de este dios. Cuando este dios era un ser humano en su vida pasada, adoptó la fe, la ética, el aprendizaje, la generosidad y la sabiduría en la enseñanza y el entrenamiento proclamados por el Realizado. Después de emprender estas cosas, cuando su cuerpo se deshizo, tras la muerte, ha renacido en un buen lugar, un reino celestial, en compañía de los dioses de los Treinta y Tres. Aquí eclipsa a los demás dioses en belleza y gloria.*

Entonces Sakka, señor de los dioses, guiando a los dioses de los Treinta y Tres, recitó este verso:

—*Quien tiene fe en el Realizado, inquebrantable y bien establecida; cuya conducta ética es buena, y es alabado y amado por las personas con nobleza; quien tiene confianza en la Saṅgha, y visión correcta: se dice que es próspero, su vida no es en vano.*

Y así, una persona inteligente, recordando las instrucciones del Buda, debe comprometerse con la fe y la conducta ética, la confianza, y ver la verdad.

15

DELICIOSO

Ocurrió cerca de Sāvatthī, en la Arboleda de Jeta. Sakka, señor de los dioses, se acercó al Buda, se inclinó, le rindió homenaje, se puso a un lado y dijo:

—*Señor, ¿qué es un lugar encantador?*

—*Los santuarios en parques y bosques,*
los estanques de loto bien hechos,
no valen ni la decimosexta parte[18]

---

18   Fórmula retórica frecuente en el Canon Pali que significa "una fracción insignificante" o "una porción mínima". Esta expresión idiomática aparece repetidamente en las escrituras budistas. El número dieciséis no es arbitrario: en la antigua India tenía significado tanto práctico como simbólico. Matemáticamente, era común dividir unidades en dieciséis partes (*kalā*) para cálculos comerciales y astronómicos; simbólicamente, representaba la completud (4×4), por lo que reducir algo a "una decimosexta parte" implicaba volverlo prácticamente insignificante. En este sutta, la frase enfatiza que incluso los lugares más hermosos del mundo (santuarios, jardines, estanques de loto) no poseen ni una fracción mínima del valor que tiene la presencia de un ser humano virtuoso o iluminado. Esta misma fórmula aparece en otros contextos canónicos, como cuando se compara el mérito de diferentes tipos de donaciones o la eficacia de distintas prácticas espirituales. La técnica retórica funciona especialmente bien en una cultura oral, creando una imagen mental vívida y memorable que subraya la enseñanza central: que el valor auténtico reside en las cualidades humanas virtuosas, no en las

de un ser humano encantador.
Ya sea en una aldea o en un páramo,
en un valle o en las tierras altas,
dondequiera que vivan los perfeccionados
es un lugar que deleita.

bellezas externas, por magníficas que sean.

16

PATROCINIO DEL SACRIFICIO

En cierta ocasión, el Buda se encontraba cerca de Rājagaha, en la montaña del Pico del Buitre. Entonces Sakka, señor de los dioses, se acercó al Victorioso, se inclinó, rindiéndole homenaje, se puso a un lado y le dijo:

—*Para los humanos, esas criaturas buscadoras de méritos,*
que patrocinan sacrificios, haciendo méritos que resultan en apegos,
¿de qué modo es muy fructífero hacer una ofrenda?

—*Cuatro practicando el camino*
y cuatro establecidos en el fruto. Esta es la recta Saṅgha,
con sabiduría, ética e inmersión[19].

---

19 El término elegido en esta traducción de "inmersión" busca transmitir la experiencia fenomenológica del practicante que se "sumerge" completamente en el estado meditativo, perdiendo la conciencia ordinaria del mundo externo y experimentando una unión total entre el sujeto meditador y el objeto de meditación. En el contexto de este sutta, la mención de que la Saṅgha noble posee "sabiduría, ética e inmersión" indica que estos monjes han desarrollado las tres dimensiones esenciales del entrenamiento budista: la conducta moral perfecta (*sīla*), la comprensión profunda de la realidad (*paññā*) y el dominio de los estados meditativos superiores (*samādhi*). Esta tríada representa la completud del desarrollo espiritual y explica por qué las donaciones dirigidas a tal comunidad son "muy fructíferas" en términos de mérito kármico. [*N. de los T.*]

Para los humanos, esas criaturas buscadoras de méritos,
que patrocinan sacrificios,
haciendo méritos que resultan en apegos,
lo que se ofrece a la Saṅgha es muy fructífero.

17

HOMENAJE AL BUDA

Ocurrió cerca de Sāvatthī, en la arboleda de Jeta. En aquel momento el Buda se había retirado a la soledad para la meditación de ese día. Entonces Sakka, señor de los dioses, y Brahmā Sahampati se acercaron al Buda y se colocaron cada uno junto a cada poste de la puerta. Entonces Sakka recitó este verso en presencia del Buda:

—*¡Levántate, Héroe! Vencedor en la batalla,*
de la carga desprendido,
vaga por el mundo sin obligaciones.
Tu mente está completamente liberada,
como la luna en la decimoquinta noche.

[Brahmā Sahampati le replicó:]

—*Señor de los dioses, así no se rinde homenaje a los Realizados.*
Así es como debe hacerse:

"¡Levántate, Héroe! Vencedor en la batalla,
líder de la caravana,
que vaga por el mundo sin obligaciones.
¡Deja que el Bendito enseñe el Dhamma!
Habrá quien lo entienda."

18

A QUIÉN VENERA SAKKA

PARTE I

En una ocasión, en Sāvatthī [el Buda se dirigió a los monjes con estas palabras]:

«*En una ocasión, oh monjes, Sakka, el señor de los dioses, se dirigió a su auriga Mātali:*

—Mi querido Mātali, engancha el carro con su yunta de mil corceles. Iremos a un parque a ver un bonito paisaje.

—Sí, señor —respondió Mātali. Enjaezó el carro e informó a Sakka:

—Buen señor, el carro con su yunta de mil corceles ha sido enjaezado. Por favor, vete cuando quieras.

Entonces Sakka descendió del Palacio de la Victoria, levantó sus palmas unidas y reverenció los diferentes lugares. Fue así que Mātali el auriga se dirigió a Sakka en verso:

*—Aquellos expertos en los tres Vedas te veneran,
como lo hacen todos los aristócratas de la tierra,
los Cuatro Grandes Reyes, y los gloriosos Treinta.*

¿Cuál es el nombre del espíritu que veneras, Sakka?

[Sakka respondió:]

—*Aquellos expertos en los tres Vedas me adoran,*
así como todos los aristócratas de la tierra,
los Cuatro Grandes Reyes, y los gloriosos Treinta.

Pero yo venero a los expertos en ética,
que se han entrenado durante mucho tiempo en la inmersión,
que han ido correctamente a completar la vida espiritual.

También venero a esos dueños de casa,
los seguidores laicos éticos
que hacen méritos, Mātali,
apoyando a un compañero con principios.

[Mātali respondió:]

—*Aquellos a los que veneras*
parecen ser los mejores del mundo, Sakka.
Yo también veneraré
a los que tú veneras, Sakka.

Después de decir esto, Maghavā el jefe, rey de los dioses, marido de Sujā,
habiendo reverenciado aquellos lugares, subió a su carro.»

19

A QUIÉN ADORA SAKKA

PARTE II

Una cerca de Sāvatthī, en la Arboleda de Jeta, [el Buda se dirigió a los monjes con estas palabras]:

«Érase una vez, oh monjes, que Sakka, el señor de los dioses, se dirigió a su auriga Mātali:

—Mi querido Mātali, engancha el carro con su yunta de mil corceles. Iremos a un parque a ver el paisaje.

—Sí, señor —, respondió Mātali. Enjaezó la carroza e informó a Sakka:

—Buen señor, la carroza con su yunta de mil corceles ha sido enjaezada. Por favor, vete cuando quieras.

Entonces Sakka descendió del Palacio de la Victoria, levantó sus palmas unidas y reverenció al Buda. Fue de esta manera que Mātali, el auriga, se dirigió a Sakka en verso:

—Dioses y hombres te veneran, Vāsava.
¿Cuál es el nombre del espíritu que veneras, Sakka?'

[Sakka respondió:]

—*Es el Buda completamente despierto,*
el Maestro de nombre incomparable
a quien venero en este mundo con sus dioses, Mātali.

Aquellos que han desechado la avaricia, el odio y la ignorancia,
los perfeccionados con las impurezas terminadas,
a ellos es a quienes venero, Mātali.

Los aprendices que se complacen en disminuir el sufrimiento,
que persiguen diligentemente el entrenamiento
para deshacerse de la codicia y el odio y superar la ignorancia,
ellos son a quienes venero, Mātali.

[Mātali respondió:]

—*Aquellos a los que veneras*
parecen ser los mejores del mundo, Sakka.
Yo también veneraré
a los que tú veneras, Sakka.

Después de decir esto, Maghavā el jefe, rey de los dioses, esposo de Sujā,
habiendo adorado al Buda, subió a su carroza.»

20

A QUIÉN ADORA SAKKA

PARTE III

Una vez cerca de Sāvatthī, en la Arboleda de Jeta, [el Buda se dirigió a los monjes con estas palabras]:

«*Érase una vez, oh monjes, que Sakka, el señor de los dioses, se dirigió a su auriga Mātali:*

—Mi querido Mātali, engancha el carro con su yunta de mil corceles. Iremos a un parque a ver el paisaje.

—Sí, señor —, respondió Mātali. Enjaezó la carroza e informó a Sakka:

—Buen señor, la carroza con su yunta de mil corceles ha sido enjaezada. Por favor, vete cuando quieras.

Entonces Sakka descendió del Palacio de la Victoria, levantó sus palmas unidas y reverenció a la mendicante Saṅgha. Y Mātali el auriga se dirigió a Sakka de esta manera en verso:

—Son estos los que deben venerarte,
a saber, los humanos atrapados en sus cuerpos pútridos,
hundidos en un cadáver,
abatidos por el hambre y la sed.

¿Por qué entonces veneras a los que no tienen hogar, Vāsava?
Explica el modo de vida del vidente,
oigamos lo que tienes que decir.

[Sakka respondió:]

—*Por eso venero a los sin techo, Mātali.*
Cuando abandonan una aldea, se van sin preocupaciones.
No acumulan bienes en almacenes, ni en ollas o cestas.
Buscan comida preparada por otros y, fieles a sus votos, viven de ella.

Los sabios cuyas palabras están llenas de sabiduría,
viven pacífica y tranquilamente.
Los dioses luchan con los asuras
y los mortales luchan entre sí, Mātali.

Ellos no luchan entre los que luchan,
se extinguen entre los que han tomado las armas.
No aferrándose entre los que aferran,
ellos son a quienes venero, Mātali.

[Mātali respondió:]

—*Aquellos a los que veneras*
parecen ser los mejores del mundo, Sakka.
Yo también veneraré
a los que tú veneras, Vāsava.

Tras decir esto, Maghavā el jefe, rey de los dioses, esposo de Sujā,
habiendo adorado a la mendicante Saṅgha, subió a su carro.»

CAPÍTULO TERCERO

TATIYA VAGGA

Tatiya Vagga: Literalmente "Tercera Sección" (del pali *tatiya*, "tercero", y *vagga*, "sección" o "capítulo"). Constituye la división final del *Sakka Saṃyutta*, abarcando los suttas 21-25, que completan la estructura tripartita de la colección junto con *Pathama Vagga* (Primera Sección, suttas 1-10) y *Dutiya Vagga* (Segunda Sección, suttas 11-20). Temáticamente, la *Tatiya Vagga* se concentra en aspectos de purificación mental y resolución de conflictos: el sutta 21 trata sobre la incineración de la ira; el sutta 22 aborda la transformación de estados mentales negativos a través del ejemplo del "espíritu feo"; el sutta 23 explora las consecuencias de la magia y la venganza; y los suttas 24-25 se centran en la gestión adecuada de transgresiones y el control de la ira en las relaciones interpersonales. Esta sección final thus enfatiza la dimensión psicológica y ética del Dhamma, contrastando con la *Pathama Vagga* que prioriza las virtudes heroicas (paciencia, esfuerzo) y la *Dutiya Vagga* que se enfoca en devoción y mérito. La progresión temática de las tres secciones refleja un curriculum espiritual completo: desde el cultivo inicial de virtudes, pasando por el desarrollo de la fe y la generosidad, hasta la purificación profunda de la mente y la resolución madura de conflictos.

21

INCINERADO

Una vez cerca de Sāvatthī, en la Arboleda de Jeta, Sakka, el señor de los dioses, se acercó al Buda, se inclinó, le rindió homenaje, se puso a un lado y le dijo:

—*¿Cuándo con lo que se incinera, ¿duermes tranquilo?*
¿Cuándo con lo que se incinera no hay tristeza?
¿Qué es lo único cuya muerte apruebas?

[El Buda respondió:]

—*Cuando se incinera la ira duermes tranquilo.*
Cuando se incinera la ira no hay pena.
Oh Vāsava, la ira tiene una raíz envenenada y una punta de miel.
Los nobles alaban su muerte,
porque cuando se incinera no hay tristeza.

22

FEO

Una vez cerca de Sāvatthī, en la Arboleda de Jeta, el Bendito se dirigió así a los monjes:

«*Érase una vez, oh monjes, un espíritu nativo que era feo y deforme. Se sentaba en el trono de Sakka, el señor de los dioses. Pero los dioses de los Treinta y Tres se quejaron, refunfuñaron y objetaron:*

—¡Es increíble, es increíble! Este espíritu feo y deforme está sentado en el trono de Sakka, el señor de los dioses.

Con todo, cuanto más se quejaban los dioses, más atractivo, apuesto y encantador se volvía aquel espíritu.

Así que los dioses se acercaron a Sakka y le contaron lo sucedido, añadiendo:

—Sin duda, buen señor, ese debe de ser el espíritu devorador de ira.

Entonces Sakka se acercó a aquel espíritu, se colocó la túnica sobre un hombro, se arrodilló con la rodilla derecha en el suelo, levantó las palmas con las manos juntas hacia el espíritu devorador de ira y pronunció su nombre tres veces:

—*¡Buen señor, soy Sakka, el señor de los dioses! ¡Yo soy Sakka, el señor de los dioses! ¡Yo soy Sakka, el señor de los dioses!*

Pero cuanto más pronunciaba Sakka su nombre, más feo y deforme se volvía el espíritu. Hasta que finalmente desapareció allí mismo. Entonces Sakka, señor de los dioses, guiando a los dioses de los Treinta y Tres, recitó este verso:

Mi mente no se altera fácilmente;
No me dejo arrastrar fácilmente por la vorágine.
No me enfado por mucho tiempo,
la ira no perdura en mí.

Cuando me enfado, no hablo con dureza,
ni hago propaganda de mis virtudes.
Me contengo cuidadosamente
por respeto a mi propio bienestar.»

23

EL HECHIZO SAMBARI

Una vez en Sāvatthī, el Buda hablo así a los monjes:

«*Érase una vez, oh monjes, que Vepacitti, el señor de los asuras, estaba débil, sufriendo, gravemente enfermo. Entonces Sakka fue a verle para preguntar por su enfermedad. Vepacitti vio a Sakka acercarse desde la distancia, y le dijo:*

—*¡Sáname, señor de los dioses!*

[Sakka respondió:]

—*Enséñame, Vepacitti, el hechizo Sambari.*

[Vepacitti respondió:]

—*No puedo hacerlo, buen señor, hasta que haya consultado con los asuras.*

Entonces Vepacitti, señor de los asuras, preguntó a los asuras:

—*Buenos señores, ¿puedo enseñar el hechizo Sambari a Sakka, el señor de los dioses?'*

[Los asuras respondieron:]

—*¡No, buen señor, no enseñes el hechizo Sambari a Sakka!*

Entonces Vepacitti se dirigió a Sakka en verso:

—*Oh Maghavā, oh glorioso Sakka,*
rey de los dioses, esposo de Sujā,
un hechicero cae a través del encantamiento
en el terrible infierno,
como Sambara, durante cien años.[20]»

---

20 En este contexto específico, Sambara se refiere al nombre original de Vepacitti (como se explicó anteriormente), pero aquí funciona como una advertencia kármica. El "hechizo Sambari" (*Sambaravidyā* en sánscrito) es una forma de magia poderosa pero espiritualmente destructiva asociada con este personaje. El sutta presenta una escena donde Vepacitti está gravemente enfermo y Sakka le ofrece sanarlo a cambio de que le enseñe este misterioso encantamiento. Sin embargo, los asuras prohíben a Vepacitti compartir este conocimiento, y él mismo advierte a Sakka sobre sus terribles consecuencias mediante un verso que revela la naturaleza autobiográfica de la advertencia: "un hechicero cae a través del encantamiento en el terrible infierno, como Sambara, durante cien años". La referencia en tercera persona a "Sambara" es en realidad Vepacitti hablando de su propio pasado, cuando bajo ese nombre utilizó este hechizo y sufrió cien años de tormento infernal como consecuencia. El texto deliberadamente no especifica la naturaleza exacta del hechizo, pero su función doctrinal es clara: ilustrar que ciertos tipos de poder, especialmente aquellos obtenidos mediante artes maléficas, conllevan costos espirituales devastadores. La ironía dramática del sutta reside en que Sakka, aparentemente movido por curiosidad o deseo de poder, busca precisamente el tipo de conocimiento que destruyó a su interlocutor. La enseñanza budista subyacente advierte contra la búsqueda de poderes sobrenaturales (*iddhi*) como fin en sí mismo, enfatizando que la verdadera liberación trasciende tanto los placeres mundanos como los poderes mágicos. [*N. de los T.*]

24

TRANSGRESIÓN

En una ocasión en Sāvatthī, dos monjes estaban demasiado unidos, y uno de ellos transgredió al otro. El transgresor confesó ante el otro monje, pero este no lo aceptó. Entonces varios monjes se acercaron al Buda, se inclinaron rindiéndole homenaje, se sentaron a un lado y le contaron lo sucedido.

[El Buda les respondió:]

—*Oh monjes, hay dos tontos. Uno que no reconoce cuando ha cometido un error. Y el que no acepta adecuadamente la confesión de alguien que ha cometido un error. Estos son los dos tontos. Hay dos que son inteligentes. Uno que reconoce cuando ha cometido un error. Y el que acepta correctamente la confesión de alguien que ha cometido un error. Estos son los dos inteligentes.*

Érase una vez, oh monjes, que Sakka, el señor de los dioses, guiando a los dioses de los Treinta y Tres, recitó este verso:

Controla tu ira;
no dejes que decaigan las amistades.
No culpes a los intachables, y no digas cosas divisorias.
Pues la ira aplasta como una montaña a la gente mala.»

25

NO TE ENFADES

Así lo he oído. En cierta ocasión, el Buda moraba cerca de Sāvatthī, en la Arboleda de Jeta, en el monasterio de Anāthapiṇḍika. Allí el Buda se dirigió a los monjes:

«*Érase una vez, oh monjes, que Sakka, el señor de los dioses, guiando a los dioses de los Treinta y Tres, recitó este verso:*

No permitas que la ira sea tu amo,
no te enfades con la gente enfadada.
La bondad y la inofensividad
están siempre presentes en los nobles.
Porque la ira aplasta como una montaña a la gente mala.»

LOS DISCURSOS ENLAZADOS DE SAKKA HAN CONCLUIDO

ÍNDICE

El libro budista de Sakka
compuesto con tipos Montserrat
en créditos y portadillas, y DGP
en el resto de las tripas,
maquetado bajo el cuidado de Daniel Vera,
habiéndose encargado de la revisión
ortotipográfica y la corrección de galeradas
los traductores y con la conformidad
de Raúl Alonso como editor
de mesa de la obra,
se terminó de imprimir
el 26 de agosto de 2025.
Ese mismo día de 1789,
en Francia, en el marco de la Revolución
Francesa, la Asamblea Nacional Constituyente
aprueba la Declaración de los Derechos del
Hombre y del Ciudadano.

LAUS DEO